Proyecto de Susaeta Ediciones, S.A.
Dirección editorial: Isabel Ortiz
Dirección de la colección: Isabel López
Textos y fotografías: María Benedicta Padilla
Corrección: Isabel López
Diseño gráfico: Indusagro
Preimpresión: Marta Alonso

© SUSAETA EDICIONES, S.A. - Obra colectiva
Tikal Ediciones
C/ Campezo, 13 - 28022 Madrid
Tel.: 91 3009100 - Fax: 91 3009110
www.susaeta.com

Cualquier forma de reproducción, distribución, comunicación pública o transformación de esta obra solo puede ser realizada con la autorización de sus titulares, salvo excepción prevista por la ley. Diríjase a CEDRO (Centro Español de Derechos Reprográficos) si necesita fotocopiar o escanear algún fragmento de esta obra (www.conlicencia.com; 91 702 19 70 / 93 272 04 47).

Ideas para
scrapbook

TALLER DE MANUALIDADES

Scrapbooking

Técnicas y proyectos

María Padilla

TIKAL

ÍNDICE

Introducción 5

Materiales y herramientas 6
- Los imprescindibles 6
- Los necesarios 8
- Los que ayudan 9

Técnicas básicas 12
- Técnica *embossing* caliente 12
- Técnica para envejer el papel 14
- Técnica falso cosido 15

Técnicas avanzadas 16
- Técnica falso *chipboard* 16
- Técnica falso negativo 17
- Técnica *paper piecing* 18

Ideas para *scrapbook* 19
- Miniálbumes 19
- Tarjetas 22
- *Layouts* 25
- Alterados 28

Proyectos 31

MINIÁLBUMES
- Miniálbum de una sola hoja 32
- Miniálbum desestructurado 34
- Miniálbum con bolsillos enlazados 36
- Miniálbum con cuerda 39
- Miniálbum anillado 44
- Miniálbum con espiral de anillas 47

TARJETAS
- Tarjeta con *washi tape* 50
- Tarjeta con estampación 52
- Tarjeta acordeón 55
- Tarjeta con banderín 57
- Tarjeta 3D 59
- Tarjeta *tri-shutter* 62

CAJAS
- Caja en cono doble 64
- Caja para guardar cintas 66
- Caja para fotografías 69
- Tarjetero 74
- *Shadow box* 78

VARIOS
- *Layout* «La reina de mi casa» 84
- Lista de la compra 87
- Marco de fotos 89

Glosario 92

La autora 95

Autorías y agradecimientos 96

Introducción

¿Que es el *scrapbooking* o *scrapbook*?

El *scrapbooking* es un *hobby* creativo, una forma de preservar nuestras fotografías y recuerdos de una manera única.

En Estados Unidos, cuna del *scrapbooking*, se estima que existen más de 25 millones de aficionados y su popularidad se ha ido extendiendo también a Europa en los últimos años.

La traducción de *scrapbook* es «libro de recortes» y su finalidad es también conservar recuerdos. Por tanto, es más que un álbum de fotos decorado: es también conservar las historias que hay detrás de las fotos.

Un libro de recortes puede contener imágenes, entradas de cine, invitaciones, pegatinas, cintas, recortables, troquelados, dibujos, poesías, recortes de periódicos, tarjetas de visita... la lista es interminable. Podemos escribir frases, poemas, todo aquello que haga de nuestro álbum de fotos algo único e irrepetible que conservaremos con el paso del tiempo.

Hacer *scrapbooking* no es solo pegar fotografías en un álbum: es captar el sentimiento y el estado de ánimo asociados a ese recuerdo fotográfico. Las fotografías se pueden colocar simplemente con marcos o bien rasgadas o recortadas en zigzag u otras formas.

Son muchos los términos diferentes que se utilizan en el mundo de *scrapbooking*. También hay muchas técnicas y productos distintos, pues el *scrapbooking* aúna todas las manualidades en una.

Hacer *scrapbooking* es una manera fantástica de olvidarse del estrés, las preocupaciones y la rutina diaria, además de ser una buena manera de cuidar de esos recuerdos únicos de una forma original y creativa.

Materiales y herramientas

Para empezar a hacer *scrapbooking* no es necesario tener mucho material. Con el tiempo y si la afición va en aumento, que será lo más fácil, irás acumulando todo tipo de utensilios y materiales. Por esta razón, vamos a dividir nuestra lista de materiales en tres grupos: los imprescindibles, los necesarios y los que ayudan.

1. LOS IMPRESCINDIBLES

Alfombrilla de corte. Un utensilio básico si no se quiere destrozar la mesa de trabajo. En el mercado las hay de diferentes tamaños y precios. Teniendo en cuenta que el papel de *scrapbooking* tiene unas medidas de 30,5 x 30,5, la ideal tendrá esa misma medida o incluso algo más grande.

Cúter, tijeras y regla metálica (de al menos 40 cm).

Adhesivos y pegamentos. Cola blanca, pegamento de barra, pistola de silicona caliente, silicona fría, cinta adhesiva de doble cara, cinta adhesiva de *foam* doble cara con efecto 3D, gotas transparentes adhesivas, pegamento líquido, dispensador de cinta de doble cara, etc. Existen multitud de marcas en el mercado; solo es cuestión de encontrar el formato y la calidad que más te gusten. Para empezar, con una cola blanca y pegamento de barra de buena calidad, es suficiente. Si se va a trabajar con fotos, es recomendable usar pegamentos libres de ácido y lignina, para que no se estropeen con el paso del tiempo. El formato más común, en este caso, es de tipo dispensador de típex.

Cartulinas. Recomendables con gramaje mínimo de 185. Podemos encontrarlas con textura. Las utilizaremos como base para el papel decorado, para troquelar formas o para darles textura con placas de *embossing*.

Papel decorado. ¿Qué sería del *scrapbooking* sin los preciosos papeles con los que los fabricantes nos tientan cada temporada? Los hay en *packs* tamaño 6" x 6" (15 x 15 cm) y 8" x 8" (20 x 20 cm) y en *packs* (colección) de 12" x 12" (30,5 x 30,5 cm), que también se venden sueltos. Habitualmente son de doble cara y con buen gramaje pero se pueden encontrar *packs* con un gramaje inferior y estampados por una sola cara. Todas las colecciones tienen, además de los papeles, una serie de embellecedores (pegatinas, *chipboards*, etc.) a juego para que nuestros trabajos estén más coordinados.

Adornos varios. Flores, botones, perlas, piedras, brads, cintas, cordón, pinzas... Casi cualquier objeto que se nos pueda ocurrir es candidato a adornar y embellecer uno de nuestros trabajos ¡La imaginación al poder!

Tinta. También hay multitud de marcas. Para elegir una tinta, hay que tener en cuenta dos elementos: la rapidez del secado (para saber si la tinta permite grabar en relieve o no) y su composición. La rapidez del secado la da el elemento básico de su composición (base agua o base glicerina).
–SECADO LENTO. Con composición a base de glicerina. Las más habituales son Versacolor, Versamagic, Colorbox pigment, Colorbox chalk, Brilliance, por citar las más habituales.
–SECADO RÁPIDO. Se fabrican a base de colorantes mezclados con agua. Las más habituales son Memento, Versafine, Adirondack Dye Ink, Distress, Archival.

Sobre las *distress ink* (secado rápido) conviene saber que permiten colorear las fotos con un pincel y darles un efecto envejecido. Se utilizan también con los sellos, aunque la definición no es muy alta, y para envejecer los bordes del papel. Hay una tercera categoría compuesta por tintas a base de colorantes mezclados con alcohol, cuya principal representante es la StaZon. Adhiere sobre todas las superficies (vidrio, plástico, tela...) y no se va con el agua. Es una tinta con solvente, por lo que es necesario un limpiador especial para limpiar el sello.

Aplicador de tinta. Consiste en un pequeño bloque de madera con mango y una esponja pegada en la base.

Sellos. Los podemos encontrar de silicona (transparentes) o de caucho (con base de madera o goma roja). Puedes encontrar casi cualquier temática, motivo y hasta incluso textura.

Base de metacrilato o bloque acrílico. Sin esta base no podremos usar los sellos de silicona. Las hay de diferentes tamaños y grosores.

2. LOS NECESARIOS

Cizalla. Muy útil (aunque no imprescindible) si no se es muy habilidoso cortando con regla y cúter o tijera.

Plegadora. Para doblar el papel de manera fácil y con un acabado perfecto. Las hay de hueso, madera o plástico.

Glossy Accents. Es un pegamento extrafuerte, pero se utiliza mucho para dar brillo y volumen a determinados elementos, resaltándolos.

Crackle Accents. Igual que el *Glossy Accents,* con la diferencia de que, una vez seco, «se rompe» y proporciona un aspecto craquelado.

Polvos de *embossing*. Sirven para realizar la técnica de *embossing* (grabar en relieve) en caliente, consistente en estampar una imagen (con tinta de secado lento) y, tras cubrirla con ellos, calentarla con un secador de emboss (no vale el secador de pelo normal, ya que suelta aire y los polvos «volarían»). Al calentarse los polvos, se derriten y dan relieve a la imagen. Si los polvos tienen color, usaremos tinta especial transparente (Versamark y Distress son las más conocidas) y, si queremos que prevalezca el color de la tinta, usaremos polvos transparentes.

Secador de *embossing*. No expulsa aire, con lo que calienta los polvos de *embossing* sin que estos vuelen.

Tintas en espray. Cada vez hay más variedad en el mercado. Glimmer Mist de Tattered Angels (con base de agua), Alcohol Ink de Adirondak (con base de alcohol), Colour Wash de Adirondak (con base agua) y Dylusions de Ranger (con gran concentración de pigmento) son algunas de las más conocidas.

Stickles. Es pegamento con purpurina. Lo hay en multitud de colores y se puede utilizar para pequeños detalles o para superficies más grandes.

Liquid Pearls. Pintura dimensional que suele utilizarse en forma de medias perlas pequeñas, para adornar. Las hay de diversas marcas: Ranger (dio nombre genérico al producto) y Viva Decor son las más conocidas.

Perfect Pearls. Pigmento en polvo que proporciona brillo y color.

3. LOS QUE AYUDAN

Entran en este apartado una serie de herramientas y aparatos que sirven para realizar todo tipo de agujeros, troquelar y texturizar, enriqueciendo así nuestros trabajos y proporcionándoles un aspecto más profesional.

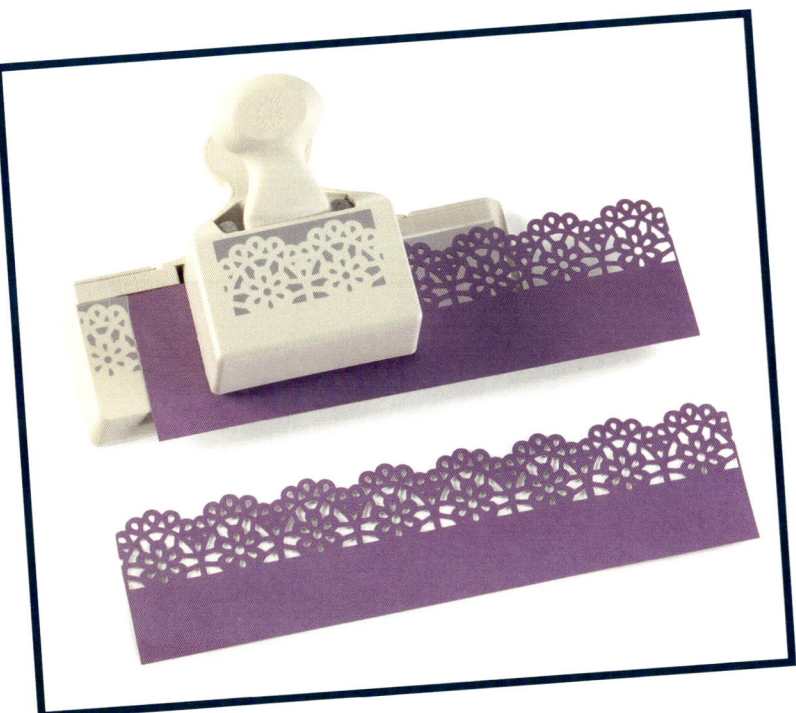

Troqueladoras de mano. De un solo elemento con las más variadas formas y tamaños *(punch)* o de bordes, con las que troquelar el borde del papel de forma continuada.

Rasgador (distresador) de papel. Es una herramienta para raer el papel y conseguir que tenga apariencia de envejecido.

Crop-a-dile. Permite perforar papel, cartulina, cartón e incluso CD de manera fácil y rápida, así como colocar remaches u ojales, proporcionando al agujero un acabado perfecto.

Scor-Pal o Scoring Board. Ambas herramientas sirven para plegar, pero son de distinta marca (Scor-Pal o Martha Steward) y las medidas de plegado vienen en centímetros en la primera y en pulgadas en la segunda. Tienen el tamaño exacto de un papel de *scrapbooking*.

Envelope Punch Board. Otro modelo de plegadora de We R Memory Keepers, específica para hacer sobres a medida.

Bind-it-all. Herramienta para encuadernar de Zutter.

Big Shot. Herramienta de troquelado y grabado en relieve en seco. Dependiendo del tipo de troquel que usemos, puede troquelar papel, cartulina, fieltro e incluso cartón de hasta 1,5 mm de grosor.

Máquina electrónica Cameo: *Plotter* de corte de la marca Silhouette. Puede cortar papel, cartulina, tela y vinilo de tamaño hasta 30 x 30 cm. Funciona mediante un programa instalado en el ordenador que permite cortar de acuerdo con unas plantillas compradas o crear tus propios diseños.

Técnicas básicas

Necesitaríamos varios libros para detallar y explicar todas las técnicas que se usan en el mundo del *scrapbooking,* ya que este se alimenta de diferentes manualidades: el troquelado, la estampación, la texturización del papel, la colocación de remaches, la costura, el *dooling*... Solo la práctica y la experimentación nos harán decantarnos por una técnica u otra a la hora de realizar nuestros trabajos de *scrapbook.*
Cada técnica encierra un distinto nivel de dificultad. Desde las más sencillas, como el recorte, rasgado y envejecimiento del papel, a las más complicadas, como el *paper piecing* o falso *chipboard,* el grado de dificultad también vendrá impuesto por las herramientas que habremos de utilizar en cada técnica.
A continuación, explicaremos en breves y sencillos pasos las técnicas más importantes, y también las más usadas, por los *scrapbookers.*

Técnica: Embossing caliente

Materiales

- Polvos de *embossing*
- Pistola de aire caliente
- Sello y base de metacrilato
- Tinta transparente Versamark
- Cartulina

Instrucciones

1

Preparamos el material que vamos a utilizar.

2

Entintamos el sello con tinta transparente Versamark y estampamos en la cartulina.

3

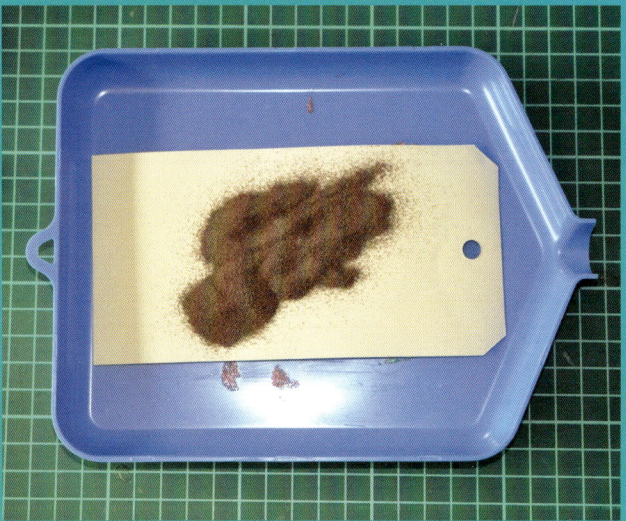

Inmediatamente cubrimos con polvos de *embossing* y retiramos el exceso.

4

Damos calor con la pistola hasta que los polvos fundan.

5

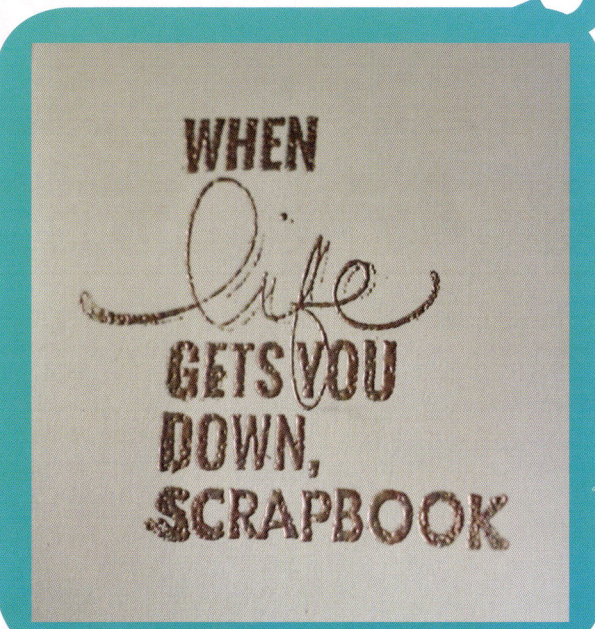

Técnica para ENVEJECER EL PAPEL

Hay muchísimas formas de darles a nuestros papeles un aspecto envejecido. Una de estas técnicas para envejecer el papel es utilizar una toallita húmeda de bebé.

MATERIALES

- Papel
- Tinta de envejecimiento
- Toallitas de bebé

Instrucciones

Cogemos la toallita y la pasamos por el borde del papel, humedeciendo aproximadamente 0,5-1 cm del mismo.

«Manoseamos» el borde humedecido, pasando el dedo y hundiendo el papel ligeramente; podemos también arrugarlo. Hacemos esto a lo largo de todo el papel y lo dejamos secar.

Entintamos los bordes para darle un toque más envejecido.

Técnica
FALSO COSIDO

Instrucciones

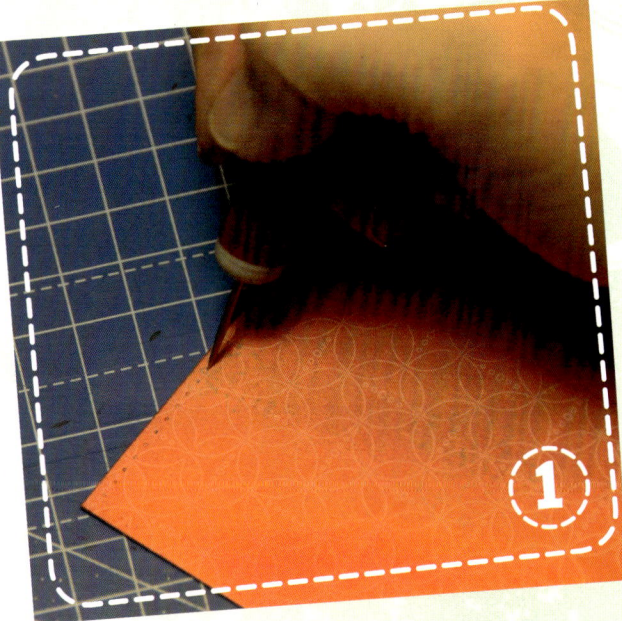
1

Cada pocos milímetros perforamos la cartulina con el punzón. La distancia nos dará el tamaño de puntada deseada.

Con ayuda de la regla o a pulso, vamos uniendo los puntos con el bolígrafo de gel blanco.

2

MATERIALES

- Regla
- Punzón
- Bolígrafo de gel blanco
- Cartulina

3

El efecto conseguido se asemeja al de una puntada realizada con hilo.

Técnicas avanzadas

Técnica FALSO chipboard

MATERIALES

- Cartulina o cartón gris de bajo gramaje
- Tijeras
- Pegamento líquido
- Tinta o pintura acrílica

Recortamos cinco siluetas iguales.

Pegamos todas las capas con pegamento líquido. Podemos ayudarnos de un pincel para ello.

Una vez seco, podemos entintar o pintar con pintura acrílica.

Técnica falso negativo

La técnica del medio negativo (split negative) permite trabajar solo en blanco y negro realizando la mezcla sobre el elemento principal del trabajo.

MATERIALES

- Un sello (elemento principal de nuestro trabajo)
- Tinta transparente Versamark
- Cartulina negra
- Cartulina blanca
- Polvos de *embossing* blancos y negros
- Pistola de calor
- Almohadillas adhesivas 3D
- Tijeras

Instrucciones

1. Empezamos colocando nuestro sello en la base acrílica. Estampamos con Versamark sobre la cartulina negra. Pasamos los polvos de *embossing* blancos sobre la imagen estampada y «embosamos» con el secador.

2. Repetimos los dos pasos anteriores, con el mismo sello pero utilizando cartulina blanca y polvos de *embossing* negros. Cortamos por la mitad las dos imágenes.

3. Unimos dos mitades de colores distintos hasta ajustar la imagen en relieve y pegamos sobre un folio o papel fino. Damos forma a nuestra imagen. Podemos hacerlo de modo sencillo con unas tijeras.

Repetimos el proceso con el otro par de imágenes cortadas. Pegamos sobre un marco de cartulina blanca y elevamos con almohadillas 3D para generar profundidad. Ahora ya podemos pegarlo sobre nuestra tarjeta, nuestro *tag* o el trabajo que estemos realizando.

TÉCNICA
PAPER PIECING

Estampamos el sello en cartulina blanca y también en cartulinas de colores lisas o papeles estampados. Podemos aprovechar pequeños trozos de papel que nos queden de otros trabajos. Estamparemos tantas veces como piezas distintas queramos, de ropa y complementos.

Coloreamos todo aquello que no vaya a ser cubierto con *paper piecing*, es decir, dejamos sin colorear las zonas que taparemos con los recortes de papel seleccionados. Recortamos una a una las piezas que vamos a realizar con esta técnica.

MATERIALES

- Cartulina blanca
- Cartulinas de color liso o papeles estampados
- Sello
- Pegamento
- Tijeras
- Tinta de estampación negra
- Bloque acrílico

Con todas las piezas ya recortadas, procedemos a pegarlas a la estampación coloreada.

IDEAS PARA SCRAPBOOK

Miniálbumes

Con un miniálbum de *scrapbook* se pretende huir de los formatos de álbumes grandes, que se hacen eternos de confeccionar.

Un miniálbum de *scrapbook* es manejable y es un proyecto fácil de terminar. Se suelen centrar en un tema determinado, como los primeros meses de un bebé, unas vacaciones, un evento, etc.

Podemos tardar muy poco tiempo en seleccionar una serie de fotos y almacenarlas junto con recuerdos de la ocasión en un miniálbum.

Son fáciles y divertidos de confeccionar, y una fuente de aprendizaje, ya que podemos usar en ellos cualquiera de las numerosas técnicas de *scrapbooking*.

Las medidas más habituales de los miniálbumes suelen ser 20 x 20 cm y 15 x 15 cm, siendo este último el formato más común.

Suelen guardar cierta homogeneidad en papeles coordinados, pegatinas, etc., aunque no es una regla fija establecida.

Un miniálbum también puede convertirse en un regalo perfecto y entrañable para un familiar o amigo.

Como base para confeccionarlos podemos usar cartón o cartulina y pueden llevar una encuadernación sencilla –con anillas, espirales, lazos, etc.– o bien utilizar una máquina de encuadernar o incluso recurrir a técnicas más sofisticadas.

Tarjetas

La tarjetería elaborada en el ámbito del *scrapbook* difiere mucho de la tarjetería tradicional. En *scrapbook* se busca la superposición de elementos, siendo cada tarjeta una pequeña obra de arte en 3D.

El tamaño más común es el 15 x 15 cm, pero ya sabemos que no hay reglas fijas y este tamaño podemos variarlo a nuestro gusto.

Como consejo adicional, a la hora de realizar tarjetas, es conveniente hacernos con una buena guillotina o cizalla, para que el corte del papel sea lo más recto posible, y una plegadora de hueso para dotar a los pliegues realizados de un toque profesional.

Layouts

Para realizar una composición *(layout)* de *scrapbooking* usaremos como base una hoja de papel o cartulina de medidas 30 x 30 cm, aunque estas pueden variar. Los elementos básicos en un *layout* son una fotografía y la historia que quieras contar alrededor de la fotografía elegida. Los materiales adicionales que podemos utilizar son casi ilimitados: acrílicas, tintas, sellos, recortes de papel, etc.

Para conseguir un diseño armónico podemos ayudarnos de un *sketch* de *scrapbook*. Hay multitud de ellos disponibles en Internet que podemos utilizar para inspirarnos y nos ayudarán a conseguir una distribución armónica de los elementos de la página.

Algunos consejos a la hora de enfrentarte a tu página en blanco:

- El centro de la página atrae la mirada. Si está vacío, nuestro diseño se verá incompleto.

- La superposición de elementos, como fotos, adornos y sobre todo papel, es una de las técnicas más utilizadas en la realización de *layouts*.

- No pegues tus elementos a la primera de cambio. Haz pruebas cambiándolos de una posición a otra y utiliza el pegamento solo cuando estés realmente satisfecho con la composición del diseño.

Alterados

Un alterado es un objeto modificado de su diseño original.

Los objetos más habituales que se suelen alterar en scrapbook son cajas de madera, agendas, libretas, marcos...

Podemos forrar con papel, pintar directamente con acrílicas, emplear una combinación de ambas técnicas y, cómo no, añadir una decoración adicional para terminar nuestra obra: flores, lazos, perlas, etc.

Son ideales para regalar y como elementos de decoración únicos y originales.

MINIÁLBUM de una sola hoja

DIFICULTAD: ★☆☆ FÁCIL

MATERIALES
- Dos hojas de papel de *scrap* 30 x 30 cm (una para hacer el álbum y otra para recortar la decoración)
- Cinta adhesiva de doble cara
- Pegamento
- Tinta de envejecimiento
- Un trozo de cinta
- Sellos fechadores
- Adornos
- Troqueladoras (opcional)

HERRAMIENTAS
- Regla y cúter
- Plegadora

INSTRUCCIONES

1. Doblamos la hoja de papel de *scrap* en sentido horizontal y marcamos el doblez con la plegadora.

2. Extendemos la lámina. Volvemos a doblar, esta vez en sentido vertical, y volvemos a marcar el doblez con la plegadora.

3. Nos quedarán cuatro cuadrados marcados en el papel. Cortamos con regla y cúter el cuadrado de la parte superior izquierda.

4. Recortamos y troquelamos cuadrados, círculos y banderines del otro papel de scrap, para utilizarlos a modo de marco bajo las fotografías.

Pegamos los recortes y las fotografías en el papel base con la cinta adhesiva de doble cara. Sellamos a nuestro gusto según la composición y aplicamos tinta de envejecimiento en todos los bordes para «matar» los cantos blancos del papel.

5. Plegamos el álbum de izquierda a derecha y de arriba abajo. En la parte posterior pegamos un trozo de cinta de color coordinado para utilizarlo a modo de cierre.

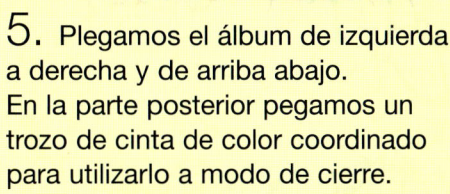

6. Decoramos la portada a nuestro gusto...

7. ...y ya tenemos listo nuestro álbum de una sola hoja.

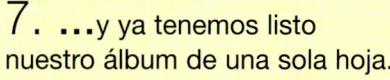

Medidas orientativas: 15 x 15 cm

Miniálbum desestructurado

DIFICULTAD: ★☆☆ FÁCIL

INSTRUCCIONES

MATERIALES
- Varias hojas de papel de scrap
- Cartulina kraft
- Cinta adhesiva de doble cara
- Pegamento
- Sellos acrílicos
- Tintas
- Adornos

HERRAMIENTAS
· Máquina de coser
· Cúter
· Regla
· Plegadora

La estructura de este álbum es muy sencilla de realizar. Cortamos los papeles con las siguientes medidas: 18 x 15 cm, 17 x 18 cm, 20 x 13 cm, 20 x 10 cm, 28 x 8 cm, 23 x 14 cm, 11 x 10 cm. Estas medidas son orientativas; podemos cortar el papel al tamaño que deseemos que tenga nuestro álbum.

Doblamos las piezas cortadas por la mitad (más o menos). Una vez que tengamos los papeles doblados y los hayamos colocado en la posición que nos gusta, cosemos con la máquina de coser por la línea de los dobleces (hay que coser los papeles despacio para que no se atasquen).

Si queréis hacer algunas decoraciones cosidas en las páginas, es mejor hacerlo antes de coser el álbum.

Decoramos y sellamos con diferentes motivos las diferentes páginas. Entintamos los cantos...

...y este es el resultado final.

Medidas orientativas: 15 x 15 cm

Miniálbum

con bolsillos enlazados

INSTRUCCIONES

DIFICULTAD: ★★☆ MEDIA

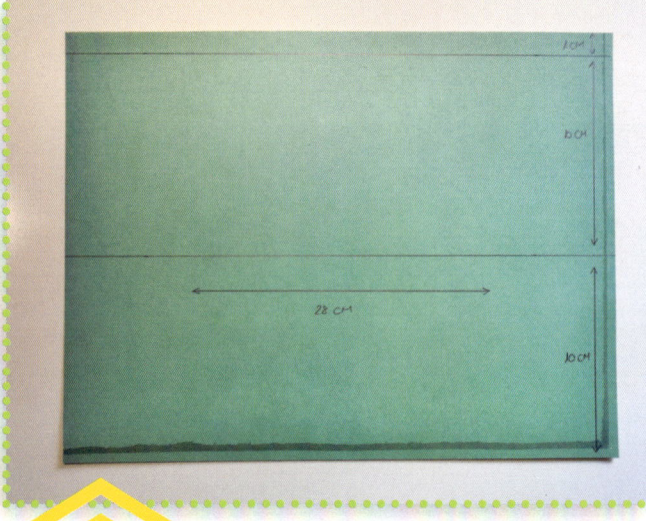

MATERIALES
- 4 hojas de papel de *scrap*
- Cartulina *kraft*
- Cinta adhesiva de doble cara
- Pegamento
- Un trozo de cinta
- Adornos

HERRAMIENTAS
- Crop-a-dile
- Cizalla
- Regla
- Plegadora

Para crear la estructura del álbum con bolsillos utilizamos tres hojas de papel de *scrap*, una para la portada exterior y dos para crear los interiores. Cortamos dos papeles con las siguientes medidas: 21 cm de alto x 28 cm de ancho.

Doblamos una pestaña de 1 cm y doblamos de nuevo a 10 cm de la pestaña. Pegamos con cinta adhesiva de doble cara por la pestaña para obtener un rectángulo cerrado.

Una vez pegada la pestaña, doblamos por la mitad. Para que el plegado quede más marcado y se cierre bien en el doblez podemos ponerle peso encima durante un rato.

Para hacer la portada cortamos de nuevo un papel de 10 cm de alto x 29 cm de ancho. Plegamos por la parte estrecha a 14 cm de cada uno de los bordes, dejando en el centro un plegado de 1 cm que servirá de lomo a nuestro álbum.
Utilizamos la herramienta *crop-a-dile* para hacer los agujeros que servirán para encuadernar el álbum.
Hacemos lo mismo con la portada: perforamos dentro del lomo de 1 cm que plegamos antes, procurando que el agujero quede centrado.
Una vez acabados los pasos anteriores, deberemos tener tres piezas como las que se muestran en la fotografía.

Elegimos un trozo de cinta (preferiblemente de raso o de organza), colocamos uno de los «sobres» sobre el otro y pasamos la cinta desde dentro hacia fuera.
Pasamos la cinta por los agujeros de la portada y hacemos una lazada.
¡Ya tenemos lista la estructura de nuestro álbum!

Cortamos cuatro tarjetas de 15 cm de ancho por 9 cm de alto. Estas cuatro tarjetas irán dentro de los sobres creados en la estructura interior del álbum y en ellas podremos poner más fotos, adornos, etc. Finalmente decoramos nuestro álbum. Utilizamos los restos de papeles que nos han ido quedando, trozos de cartulina, botones, cintas, pegatinas... ¡y por supuesto nuestras fotos, que serán las protagonistas del proyecto!

Miniálbum con Cuerda

DIFICULTAD: ★★☆ MEDIA

MATERIALES
- Sellos y base de metacrilato
- Tinta Versafine
- Tinta *distress* de envejecimiento
- Aplicador
- Sellos
- Cartón de 1-2 mm
- 4 hojas de papel de *scrap* (mínimo)
- Adhesivos (cinta de doble cara, pegamento líquido, silicona)
- Cuerda
- Adornos

HERRAMIENTAS
- Crop-a-dile
- Cizalla
- Distresador de papel
- Regla

INSTRUCCIONES

1 Preparamos el material que vamos a utilizar. Cortamos una pieza de cartón de 15 x 33 cm.

2 Una vez cortada la pieza, medimos de izquierda a derecha 15 cm. Marcamos y volvemos a hacer una marca a 18 cm. Doblamos con la ayuda de la regla metálica por las marcas, tal como muestra la fotografía.

3 Con la ayuda de la cizalla cortamos cuatro trozos de papel decorado de 15 x 15 cm para las tapas. Cortamos dos trozos de papel decorado de 15 x 9 cm para el lomo. Opcional: el de la parte exterior puede hacerse un poco más estrecho, de 15 x 7 cm, para no tapar demasiado el papel de la portada.

4 Una vez cortadas las piezas, envejecemos el papel con el distresador (*ver* pág. 10) y aplicamos tinta de envejecimiento en los cantos.

5 Con cinta de doble cara pegamos las tapas y los cantos de papel de *scrap* sobre nuestra estructura de cartón.

 Medimos en el canto a 1 y 2 cm de ancho, y en esa línea hacemos agujeros con la herramienta *crop-a-dile* a una altura de 2,5 y 12,5 cm, tal como muestran las fotografías.

 Una vez hechos los agujeros en la parte superior e inferior del lomo, ponemos unos ojales *(eyelets)* para hacerlos más resistentes.

 Cortamos dos piezas de papel de 14 x 28 cm y las doblamos por la mitad. Marcamos a través de los agujeros de las tapas los puntos donde habrá que agujerear las hojas interiores y hacemos los agujeros.

 Encuadernamos con la cuerda, pasándola a través de los agujeros y anudándola en el lomo. Quedarán cuatro páginas en cada par de agujeros.

 Decoramos las tapas y el interior con sellos, fotografías y recortes, a nuestro gusto.

Y este es nuestro miniálbum con cuerda terminado.

Miniálbum Anillado

DIFICULTAD: MEDIA

MATERIALES
- Álbum de cartón *chipboard*
- Varias hojas de papel de *scrap*
- Cinta adhesiva de doble cara
- Tintas
- **Adornos**
- Anillas

HERRAMIENTAS
- *Crop-a-dile*
- *Cúter*
- *Regla metálica*

Medidas orientativas: 14 x 20 cm

INSTRUCCIONES

1. En esta ocasión vamos a trabajar con un álbum de cartón chipboard previamente comprado, por lo que la estructura ya la tendremos definida desde el primer momento. Preparamos los materiales con los que vamos a trabajar.

2. Empezamos forrando con cinta adhesiva de doble cara y papel de *scrap* las páginas que componen el álbum.

3. Para facilitar el trabajo cortamos el papel a medida, con la ayuda de un cúter y utilizando de plantilla la misma hoja del álbum de cartón.

4. Es importante, a medida que vayamos forrando cada cara de la hoja de cartón, hacer con la *crop-a-dile* los agujeros, para pasar las anillas una vez acabado el álbum.

5. Una vez que tenemos nuestro álbum forrado al completo, preparamos los elementos de decoración.

Decoramos, pegamos nuestras fotografías y ya solo nos quedará anillarlo con los aros de metal.

MINIÁLBUM con espiral DE ANILLAS

DIFICULTAD: ★★☆ MEDIA

MATERIALES
- Cartón *chipboard*
- Varias hojas de papel de *scrap*
- Cinta adhesiva de doble cara
- Pegatinas
- Tinta de envejecimiento
- Troqueladora
- Espiral de anillas

HERRAMIENTAS
- Cizalla y cúter
- Tijeras
- Regla metálica
- Encuadernadora Bind-it-all

Medidas orientativas: 12 x 15 cm

INSTRUCCIONES

1. Preparamos los materiales necesarios. Cortamos a 12 x 15 cm 5 hojas de cartón de encuadernar o cartón *chipboard* y 10 hojas de papel de scrap con diferentes estampados.

CONSEJO: Cortamos los papeles con la cizalla; sin embargo, el cartón es conveniente cortarlo con cúter y utilizar una regla metálica como apoyo.

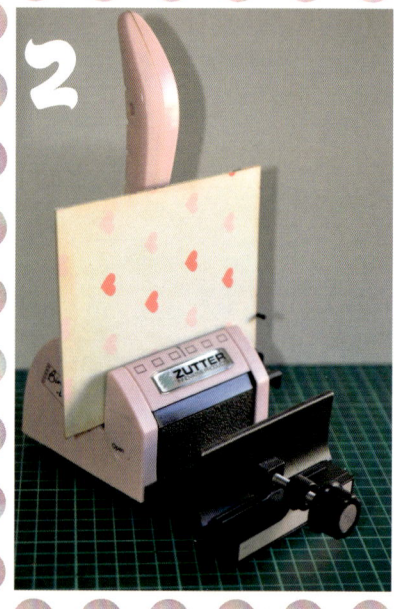

2. Pegamos el papel al cartón con cinta de doble cara y, una vez que tenemos las hojas base de nuestro proyecto, las agujereamos con la encuadernadora *Bind-it-all*.

OJO
Es importante empezar la decoración una vez que terminemos de troquelar o agujerear cada una de las hojas; de lo contrario, podríamos estropear fotografías, elementos decorativos, etc.

3. Finalizada la decoración del álbum, medimos y cortamos a medida el gusanillo necesario para encuadernarlo.

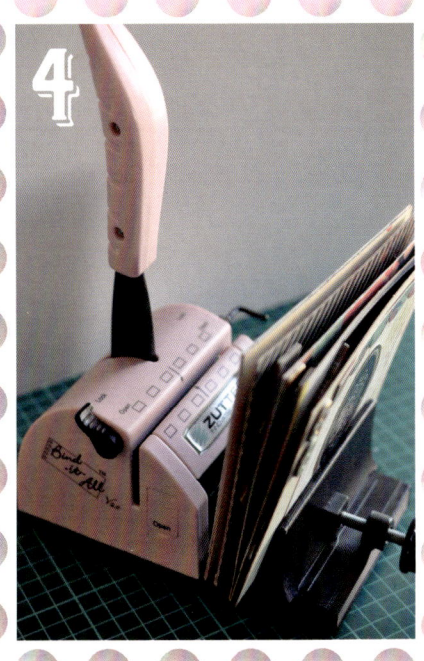

4. Metemos la espiral de anilla por los agujeros troquelados. Para encuadernarlo, utilizaremos la parte delantera de la encuadernadora. Una vez que lo tenemos colocado correctamente, apretamos hasta tener la espiral de anillas cerrada.

CONSEJO:
Todo este proceso conviene hacerlo sin prisas.

Y ya tenemos nuestra encuadernación acabada. Solo nos queda terminar de decorar el álbum a nuestro gusto.

49

TARJETA con WASHI TAPE

INSTRUCCIONES

DIFICULTAD: ★☆☆ FÁCIL

Cortamos una tarjeta de cartulina de 21 x 15,5 cm y la doblamos por la mitad.
Empezamos a pegar la cinta *washi tape* en horizontal, hacia abajo a partir del doblez de la tarjeta alternando los diseños.

MATERIALES
- Cartulina de color texturizada
- *Washi tape* de diferentes diseños
- Tinta para estampar
- Sello acrílico

HERRAMIENTAS
- Cúter
- Tijeras
- Cizalla

Tenemos cuidado de pegar la cinta todo lo recta que sea posible y dejamos un espacio en blanco. Estampar con el sello acrílico y el color de tinta elegidos.

Sujetamos con firmeza la tarjeta y con el cúter vamos retirando el sobrante de cinta a uno y otro lado.

¡Y eso es todo! Hemos terminado una preciosa tarjeta en apenas unos pocos minutos.

DIFICULTAD: ★ ☆ ☆ FÁCIL

MATERIALES

- Papeles de *scrap*
- Cartulina
- Tinta de envejecimiento
- Tinta para estampar
- Sello
- Almohadillas adhesivas 3D
- Cinta adhesiva de doble cara
- Rotuladores con base de alcohol
- Pegamento con purpurina (*Stickles Glitter Glue*)
- Perlas líquidas (*Liquid Pearls*)
- Pegamento tridimensional Glossy Accent
- Bolígrafo de gel blanco

HERRAMIENTAS

- Tijeras
- Cúter
- Regla
- Base de metacrilato
- Troqueladora
- Punzón o rueda marcadora

INSTRUCCIONES

Preparamos el material que vamos a utilizar.

Comenzamos estampando el sello de la muñeca y coloreamos con los rotuladores. Una vez coloreado el sello, añadiremos toques de pegamento tridimensional y purpurina en diferentes zonas, con el fin de embellecer la imagen. Dejamos secar todo el conjunto.

Recortamos la silueta estampada y la reservamos. Seleccionamos los papeles que vamos a usar en la composición. En esta ocasión utilizaremos un paper pad o bloc de papeles, que suelen ya venir con tonos de color coordinados. Utilizaremos como base una hoja de 15 x 15 cm y necesitaremos también un recorte de unos 4 x 15 cm, un circulo y un texto recortado con máquina electrónica.

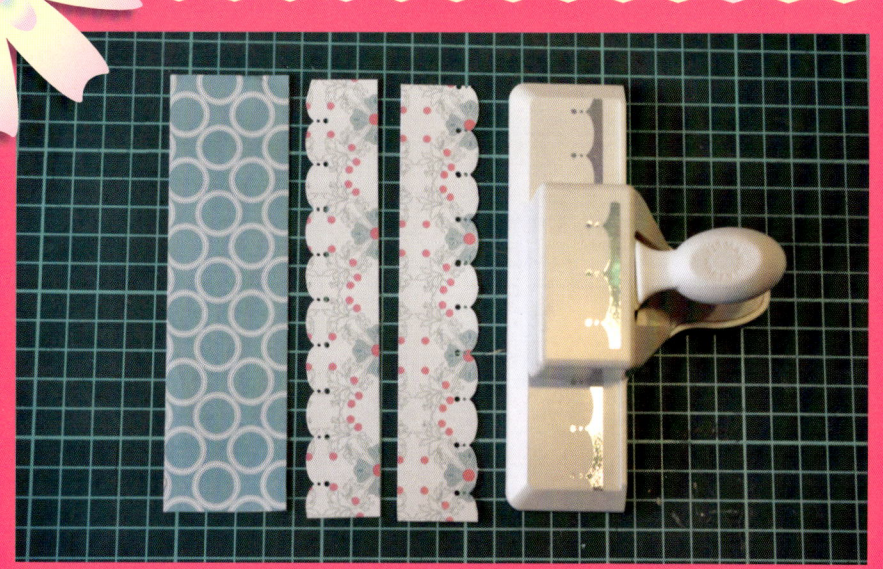

Cortamos dos nuevas tiras de papel de unos 2 x 15 cm y troquelamos uno de los laterales.

Una vez troqueladas, pegamos las dos tiras de papel a la tira de 4 x 15 cm y después el conjunto al papel base de la tarjeta. Aplicamos la técnica del falso cosido (ver pág. 15) a todo el contorno. Podemos emplear una rueda marcadora, de las que se usan en costura, o un punzón.

Terminamos pegando el círculo de papel en el lateral izquierdo y sobre él la estampación, que pegaremos con almohadillas adhesivas 3D para dar sensación de volumen. Para embellecer el círculo aplicamos gotitas de perlas liquidas por todo el contorno y completamos la composición con la palabra *Moments,* coloreada previamente con rotulador y que cubriremos con pegamento tridimensional o *Glossy Accent.*

TARJETA acordeón

DIFICULTAD: ★★☆ MEDIA

MATERIALES
- Cartulina de buen gramaje (unos 270 g)
- Papel decorado de dos tipos
- Un trozo de cinta
- Cinta adhesiva de doble cara
- Adornos

HERRAMIENTAS
- Regla
- Cúter
- Plegadora
- Crop-a-dile o sacabocados
- Base de metacrilato
- Troqueladora
- Punzón o rueda marcadora

INSTRUCCIONES

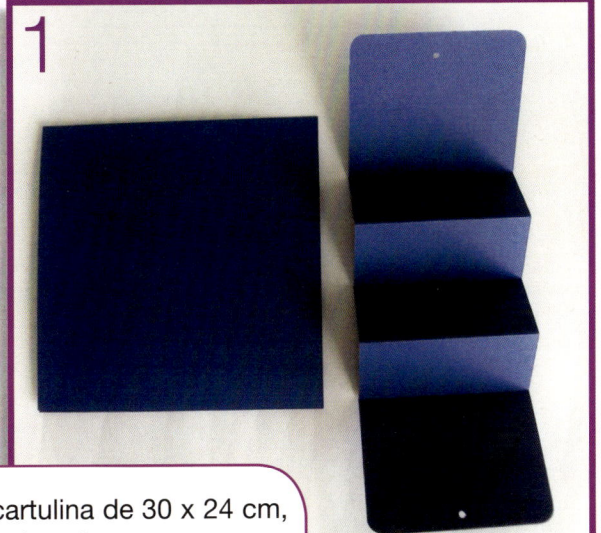

1

Necesitamos una cartulina de 30 x 24 cm, que dividiremos en dos piezas: una de 30 x 15 cm y otra de 30 x 9 cm. El trozo de 30 x 15 cm lo doblamos por la mitad porque será la base de nuestra tarjeta.
En la pieza de 30 x 9 cm hacemos los siguientes dobleces: por el lado más largo a 7,6 cm, 11,3 cm, 15 cm, 18,7 cm y 22,4 cm.

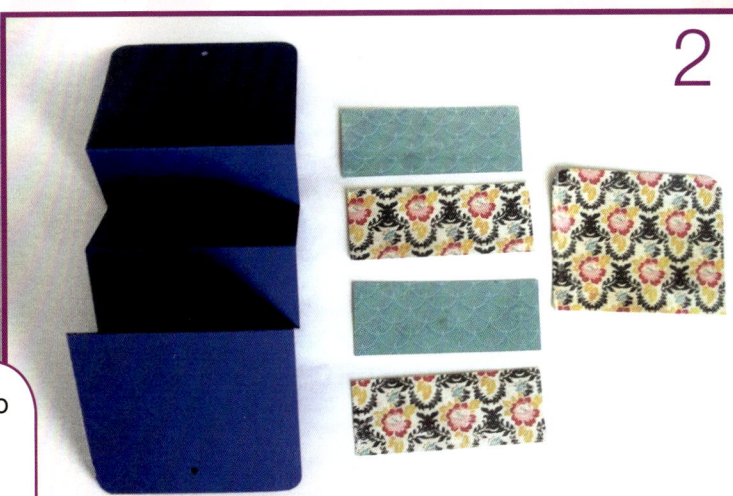

2

Cortamos los papeles decorados para la base: uno de 14,5 x 14,5 cm y otro de 14 x 14 cm. De esta manera, cuando los peguemos uno sobre otro, centrados, quedará un marco en todo el contorno.

Una vez pegadas todas las piezas, hacemos dos agujeros con la crop-a-dile o el sacabocados en las piezas grandes del desplegable, por donde pasaremos el lazo. Pegamos el desplegable a la base de la tarjeta, en el centro, con cinta adhesiva de doble cara.

Una vez montada la tarjeta, solo nos queda poner la decoración que hayamos elegido y cerrarla con el lazo.

Tarjeta con Banderín

INSTRUCCIONES

DIFICULTAD: ★★☆ MEDIA

MATERIALES

- Cartulina blanca
- Papeles de *scrap*
- Adornos
- Cinta adhesiva de doble cara
- Almohadillas adhesivas 3D
- Bolígrafo de gel (o rotulador) blanco
- Hilo de algodón

HERRAMIENTAS

- Tijeras
- Cúter
- Regla
- Punzón

Empezamos preparando la base de nuestra tarjeta. Marcamos en la cartulina blanca las medidas 21 x 17'5 cm, cortamos y doblamos por la mitad el rectángulo que hemos obtenido. Marcamos y cortamos a 10'5 x 17'5 cm el papel de *scrap* que queremos poner como fondo.
Ya tenemos la tarjeta base y el frontal.

Pegamos tiras de la cinta de doble cara en la parte trasera del rectángulo de papel de scrap que acabamos de cortar. Situamos el papel sobre la tarjeta base para pegarlo, asegurándonos de que quede recto. Para que sea más sencillo, antes de pegar desplegamos la tarjeta base.

Seleccionamos otro papel de *scrap* que haga contraste con el anterior y recortamos un rectángulo más pequeño, aproximadamente 16'5 x 9'5 cm. Podemos decorar todo el borde utilizando la técnica del falso cosido (ver pág. 15).
Sobre este último rectángulo de papel vamos a colocar unos banderines. Para ello cogemos el hilo y marcamos con un punzón la posición de los extremos del mismo. Introducimos el hilo por los agujeros y hacemos una lazada en uno de los extremos.

Los banderines pueden ser pegatinas o también recortes de papel o cartulina con la forma de banderín deseada. En la parte trasera de cada banderín ponemos una almohadilla adhesiva 3D para darle un poco de volumen y a continuación lo pegamos. Repetimos el proceso con cada uno de los banderines.

Una vez terminada la ristra de banderines, pegamos la tarjeta a la base anteriormente preparada. Para ello utilizaremos almohadilla adhesiva 3D. Seguimos decorando la tarjeta con otros adornos a nuestro gusto. Aquí la hemos adornado con un pájaro, un letrero con un mensaje de felicitación, etc.

Ya tenemos lista nuestra tarjeta y este es el resultado final.

Tarjeta 3D

DIFICULTAD: ★ ★ ☆ MEDIA

MATERIALES

- Cartulina
- Papel de *scrap*
- Cinta adhesiva de doble cara y/o pegamento
- Tinta de envejecimiento
- Adornos

HERRAMIENTAS

· Cúter
· Tijeras
· Cizalla
· Plegadora

INSTRUCCIONES

En primer lugar, recortamos la cartulina que será la base de la tarjeta a 21 x 28 cm y la doblamos por la mitad, quedando una tarjeta final de 21 x 14 cm, como se ve en la foto. Después recortamos la imagen elegida para la escena de la tarjeta y la medimos. La nuestra, con los personajes de El mago de Oz, mide 12,5 x 8 cm.

A continuación vamos a empezar con el cuadro 3D. Recortamos una cartulina blanca que deberá tener el tamaño de la imagen más 2 cm por cada lado. Por tanto, la cartulina recortada tendrá un tamaño de 16,5 x 12 cm. Marcamos líneas a 1 y 2 cm de los cuatro bordes y recortamos con un cúter las dos zonas marcadas.

Obtenemos este resultado.

En cada lado de la cartulina, doblamos hacia dentro por la línea interior y hacia fuera por la línea exterior. Marcamos bien las líneas con una plegadora. Aprovechamos este paso para entintar los bordes interiores del marco con tinta de envejecimiento.

Ahora es el momento de pegar las esquinas para formar la caja 3D. Podemos poner pegamento o un poco de cinta de doble cara. Ya tenemos formado el marco. Su profundidad será de 1 cm.

Pegamos la imagen en el interior del marco 3D con cinta de doble cara.

Para terminar la tarjeta, recortamos un marco en la cartulina base. Deberá tener la medida de la imagen en el momento en que la cortamos, es decir, 12,5 x 8 cm. Podemos ponerlo donde queramos, centrarlo o no, pero es importante dejar al menos 1 cm desde cada borde de la tarjeta porque necesitamos espacio para pegar el marco.
Ponemos cinta de doble cara en los bordes del marco 3D que habíamos acabado anteriormente, colocamos encima el nuevo marco, ajustamos y pegamos.

Ya tenemos montada la tarjeta 3D. Ahora solo queda decorarla a nuestro gusto.

Tarjeta *tri-shutter*

DIFICULTAD: ★★☆ MEDIA

MATERIALES
- Cartulina de color
- Papel de *scrap*
- Cinta adhesiva de doble cara
- Adornos

HERRAMIENTAS
- Tabla de plegado (opcional)
- Regla
- Cúter
- Plegadora

INSTRUCCIONES

Recortamos un rectángulo de cartulina de 30 x 15 cm. Situamos el rectángulo sobre la tabla de plegado y con la plegadora trazamos líneas a los 5, 10, 20 y 25 cm del borde.

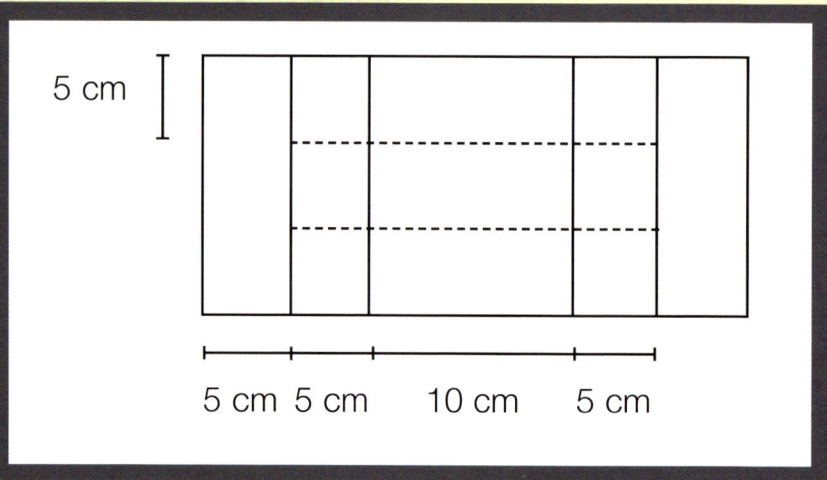

Giramos la cartulina sobre la tabla de plegado, de modo que quede en posición vertical, y trazamos una línea con la plegadora a 5 cm y 10 cm del borde. Estos dos últimos trazos comenzarán desde la segunda columna, tal como se indica en el esquema. Las líneas discontinuas las cortaremos con ayuda de regla y cúter.

Ahora empezamos a doblar como si hiciéramos un acordeón de papel: la primera columna hacia dentro, la segunda hacia fuera, la tercera hacia dentro y la última hacia fuera.

En la zona central invertimos los dobleces que acabamos de hacer: el primero, que está hacia fuera, lo doblamos hacia dentro y el que está hacia dentro lo doblamos hacia fuera, de modo que quede como se ve en la fotografía.

Recortamos cuadritos de diferentes papeles de *scrap* 0,5 cm más pequeños que los de la tarjeta, recortamos también rectángulos 0,5 cm más pequeños que los rectángulos de la base y los pegamos a esta.

Una vez pegado, decoramos a nuestro gusto y ya tenemos nuestra tarjeta finalizada.

Caja EN CONO doble

DIFICULTAD: ★ ☆ ☆ FÁCIL

MATERIALES
- Cartulina de color o papel de *scrap*
- Cinta adhesiva de doble cara
- Adornos

HERRAMIENTAS
- Cúter o cizalla
- Regla
- Plegadora o buril

INSTRUCCIONES

Esta caja con forma de cono doble es ideal para empaquetar regalos. Modificando la decoración y los papeles podemos usarla para cualquier evento y ocasión.
Cortamos en el papel un cuadrado que mida 15,24 × 15,24 cm. Las dimensiones podemos cambiarlas según lo grande que queramos nuestra caja, siempre que mantengamos una proporción cuadrada o rectangular.
Por la parte de atrás de nuestro cuadrado ponemos cinta de doble cara en uno de los laterales y en los dos extremos, como se ve en la imagen.*

Retiramos el protector de la cinta de doble cara y hacemos un cilindro con la cartulina. Este paso es el más difícil, porque la cartulina se resiste un poco; nos podemos ayudar con un rollo de papel de cocina, una botella, etc. Para que el cilindro se mantenga pegamos el lateral con la cinta adhesiva al extremo opuesto.

Nota
Los papeles de *scrap* suelen ser a doble cara. Por eso no se corresponde el estampado del papel de la primera foto con el resto, porque es la cara del papel que queda hacia dentro.

Una vez que tenemos el cilindro hecho y bien pegado, vamos a cerrar nuestra caja por los extremos.
Tomamos la base de la caja, donde también hemos puesto cinta de doble cara, y juntamos sus extremos, aplastando el cilindro y formando una especie de cono. Ahora habremos de meter en la caja aquello que deseemos empaquetar, antes de cerrarla.
En la parte superior realizaremos el mismo proceso pero girando el doblez 90º respecto del doblez de la base. Es decir, si en la base unimos el sur con el norte, en la parte superior uniremos el este con el oeste. Repasamos las uniones con la plegadora para asegurar el pegado.

Para dar más fuerza a los cierres realizamos un par de hendiduras con un buril, plegadora o similar.

¡La caja ya está terminada! Solo nos quedaría decorarla a nuestro gusto.

CAJA PARA *guardar cintas*

DIFICULTAD: FÁCIL

MATERIALES

- Papeles de *scrap* de alto gramaje de 30 x 30 cm
- 1 hoja de cartulina texturizada de 30 x 30 cm (también de alto gramaje), coordinada con el papel estampado elegido
- Flores para decorar
- Cinta adhesiva estrecha de doble cara
- Tinta de envejecimiento
- Ojales (*eyelets*)

HERRAMIENTAS
- Cúter o cizalla
- Regla
- Plegadora
- Crop-a-dile

INSTRUCCIONES

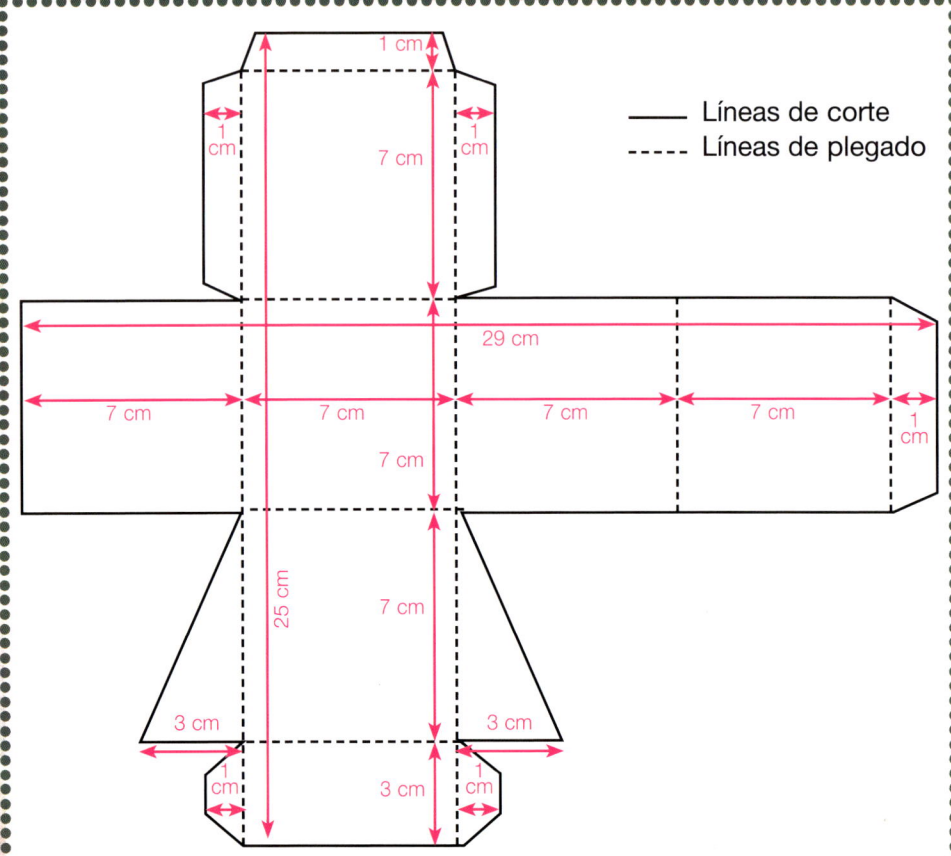

— Líneas de corte
--- Líneas de plegado

1

Para crear la estructura de la caja tomamos como base la plantilla. Es muy sencilla; se basa en medidas de 7 x 7 cm y las pestañas para cerrarla miden 1 cm de ancho.

2

Utilizamos regla y plegadora para marcar las líneas de rayas discontinuas. Una vez cortada la estructura y marcadas las líneas, ponemos cinta estrecha de doble cara en todas las pestañas menos en las dos pequeñas de la tapa superior de la caja; de esta forma obtenemos el resultado que vemos en la imagen.

3

Montamos la caja completa menos la tapa.

4

Comenzamos a decorar con dos tiras de papel decorado de 30 cm de largo x 1,5 cm de ancho, entintamos los bordes con tintas de envejecimiento y pegamos las tiras de papel a la caja con cinta de doble cara. Cortamos el sobrante de las tiras para no tener problemas con los dobleces.

5 Recortamos una nueva tira de papel (de otro estampado coordinado) de 30 cm de largo x 5 cm de ancho. Repetimos la operación de entintado de bordes, pegamos con cinta de doble cara y cortamos el sobrante de la tira.

6 Decoramos ahora la tapa, sin cerrar todavía, con un cuadrado del papel base (el inferior de rayas) de 6,5 x 6,5 cm y una segunda capa del otro papel (el de flores) de 6 x 6 cm. Para la solapa delantera, recortamos una pieza del papel base de 6,5 x 2,5 cm y una segunda capa de 6 x 1,5 cm, y entintamos los bordes antes de pegar con cinta de doble cara.
Con la *crop-a-dile* hacemos unos agujeros en la tapa donde queramos (las dimensiones de la herramienta nos darán la posición máxima de los agujeros). Colocamos también los ojales *(eyelets)* del color elegido.
Ponemos cinta de doble cara en las solapas de los dos lados y montamos de forma definitiva. Entintamos todos los bordes y cantos de la caja.

¡ATENCIÓN!
Cuidado al hacer los agujeros, no vayamos a agujerear las solapas laterales o la delantera.

Pegamos las flores elegidas para la decoración y así es como quedará la caja con nuestras cintas ya listas para su uso.

68

CAJA para FOTOGRAFÍAS

DIFICULTAD: ★★☆ MEDIA

MATERIALES

- 2 piezas de 21 x 12 cm de cartulina *kraft*
- 2 piezas de 22 x 26 cm de cartulina *kraft*
- 1 pieza de 29,5 x 17 cm de cartulina *kraft*
- Cinta adhesiva de doble cara
- Papeles de *scrap*
- Flores de papel
- *Brads*, cinta y cuerda fina
- Tinta de envejecimiento

INSTRUCCIONES

Comenzaremos cortando las cinco piezas necesarias para la caja. Podemos hacerlo con la cizalla o con regla y cúter, como resulte más cómodo. Necesitaremos dos piezas de cartulina *kraft* de medidas 21 x 12 cm (las solapas de las cajas), otras dos piezas de 22 x 26 cm (formarán dos cajas para las fotografías) y una más de 29,5 x 17 cm, que será la cubierta.

HERRAMIENTAS

- Cúter o cizalla
- Regla
- Plegadora
- Tabla de plegado (opcional)

Situamos una de las piezas de 21 x 12 cm en horizontal sobre la tabla de plegado. Marcamos una línea a 9 y otra a 11 cm en el lado más largo. Repetimos estas mismas marcas en la otra pieza de 21 x 12 cm.

Situamos ahora sobre la tabla de plegado la pieza de 29,5 x 17 cm, también en horizontal, y marcamos líneas a 12,5 cm y 17 cm. Esta pieza formará las cubiertas y el lomo.

Por último, colocamos en la tabla plegadora una de las dos piezas de 22 x 26 cm, en vertical. Marcamos líneas a 3, 5, 17 y 19 cm desde el borde izquierdo.

Giramos la cartulina, colocándola en horizontal sobre la tabla plegadora. Marcamos líneas a 8 y 10 cm desde el borde izquierdo. Esto es lo que obtendremos. Repetimos este proceso con la otra cartulina del mismo tamaño.

A continuación debemos recortar algunas zonas de esta plantilla. Lo marcado con una X se elimina. Las líneas marcadas a lápiz solo se cortan.

Ahora doblamos nuestras pestañas y pegamos, creando la caja que servirá para guardar las fotografías. Como tenemos dos cartulinas de este tamaño, ya marcadas y cortadas, obtendremos dos cajas.

Podemos troquelar las esquinas superiores de la caja para darle un toque decorativo. Este es el formato de la caja. Ahora vamos a hacerle una solapa de cierre.

Cogemos una de las piezas de 21 x 12 cm y doblamos por las líneas marcadas en el primer paso de la explicación.
Damos la vuelta a la cartulina y ponemos cinta de doble cara en la zona inferior. Retiramos el protector de la cinta de doble cara, damos la vuelta a la solapa e introducimos la pieza en la caja. Así es como quedará una vez pegada la solapa. Debemos asegurarnos de encajar bien las piezas antes de pegar. Repetimos estos pasos para crear la segunda caja.

Ahora doblamos por las líneas marcadas en nuestra cubierta (pieza de 29,5 x 17 cm).

Para trabajar cómodamente, antes de pegar las cajas a la cubierta vamos a decorarlas a nuestro gusto, forrándolas con los papeles de *scrap* y añadiendo los elementos decorativos.

Las cajas se pegarán tal y como mostramos a continuación. Para hacerlo ponemos cinta de doble cara en la parte trasera de cada caja.

Pegamos las dos cajas sobre la cubierta y terminamos de decorar el proyecto en su parte exterior. En nuestra caja hemos utilizado papel de *scrap*, flores de papel, brads, cinta y cuerda fina.

Tarjetero

DIFICULTAD: ★★★ ALTA

MATERIALES
- Cartulinas de color
- Papel de *scrap*
- Cinta adhesiva de doble cara (estrecha y ancha)
- Pegamento
- Velcro (para el cierre)
- Adornos

HERRAMIENTAS
· Cúter o cizalla
· Regla
· Plegadora
· Troqueladora de círculo
· Grapadora

INSTRUCCIONES

El tarjetero está preparado para albergar 10 sobres para tarjetas. Empezaremos con la construcción de los sobres.

INTERIOR DEL TARJETERO

Utilizaremos esta plantilla con las medidas indicadas para marcar 10 sobres en las cartulinas elegidas.

Ancho total: 19 cm
Alto total: 12 cm
Ancho pestañas: 1 cm

11 x 8 cm   12 x 9 cm

Una vez que estén los 10 sobres cortados, plegaremos las solapas inferior y lateral marcándolas bien con la plegadora. Ponemos cinta estrecha de doble cara en las solapas, cuidando de que el adhesivo esté en la cara que quedará hacia dentro.

Con la troqueladora de círculos y teniendo cuidado de que el círculo quede centrado, troquelamos los sobres para que luego sea más fácil sacar las tarjetas.

Cuidando de que las esquinas y los bordes casen perfectamente, quitamos el protector del adhesivo y lo pegamos. Ya tenemos listo nuestro primer sobre.

Una vez que tengamos los 10 sobres, vamos a empezar a graparlos para unirlos. Hay que colocar los sobres centrados y meter la grapadora para ir uniéndolos de dos en dos por las caras interiores. Seguimos con la misma operación de grapado hasta que tengamos unidos los 10 sobres.

EXTERIOR DEL TARJETERO

Para crear el exterior del tarjetero utilizaremos el papel decorado y seguiremos esta plantilla para hacerlo.

```
                  10 cm (ancho total)

           ┌─────────────────────────┐
           │                         │
           │      FRONTAL            │
   7 cm    │      SUPERIOR           │
           │                         │
           │      7 x 10 cm          │
           │                         │
           ├─── LÍNEA DE PLEGADO ────┤
           │    canto superior       │  3 cm
           ├─── LÍNEA DE PLEGADO ────┤
           │                         │
           │                         │
           │      TRASERA            │
   12 cm   │                         │
           │      12 x 10 cm         │
           │                         │
           │                         │
           ├─── LÍNEA DE PLEGADO ────┤
           │    canto inferior       │  3 cm
           ├─── LÍNEA DE PLEGADO ────┤
           │      FRONTAL            │
   5 cm    │      INFERIOR           │
           │      5 x 10 cm          │
           └─────────────────────────┘
```

Una vez cortado, debemos marcar con la plegadora las líneas de los cantos superior e inferior en las medidas indicadas en el patrón. Una vez marcado, añadimos un trozo de cartulina troquelada para alargar un poco la solapa superior, pegándolo con cinta de doble cara.

MONTAJE FINAL

Ahora empezamos con la decoración. La haremos en este paso porque es más sencillo trabajar en plano que con el volumen del tarjetero ya montado. Una vez que tenemos el tarjetero decorado a nuestro gusto, vamos con el montaje final. Ponemos cinta de doble cara de forma generosa en la trasera de nuestro acordeón de sobres.

Lo centramos con cuidado en el interior de nuestra tapa de tarjetero y lo pegamos. Repetimos el proceso de encintar con adhesivo de doble cara el interior de la tapa inferior y la pegamos a la portada de nuestro acordeón de sobres. Para mantenerlo cerrado utilizaremos velcro cortado en dos pequeños círculos, que pegaremos con unas gotitas de pegamento en el interior de las tapas superior e inferior.

Ya está terminado nuestro tarjetero, listo para contener 10 pequeñas tarjetas.

SHADOW BOX

DIFICULTAD: ★★★ ALTA

MATERIALES

- Dos cartones de encuadernar (*chipboard*) tamaño A3 de 4 mm de grosor
- Papeles de *scrap*
- Papel *kraft* (papel marrón de embalaje)
- Cinta adhesiva de doble cara
- Tinta de envejecimiento
- Pegamento líquido
- Adornos

INSTRUCCIONES

Hacer una caja de recuerdos con cartón de encuadernar y papel de *scrapbooking* es fácil, y decorarla, de lo más divertido. La posibilidad de resguardarla del polvo gracias a su tapa es un valor añadido.

HERRAMIENTAS

- Cúter y tijeras
- Regla
- Plegadora
- Pistola de pegamento caliente

Estructura interior

Cortamos cartón de encuadernar con los siguientes tamaños:
- Una pieza de 18 x 21,5 cm
- Dos tiras de 20,5 x 3,5 cm
- Dos tiras de 18 x 3,5 cm

Cortamos papel decorado de scrapbooking con los siguientes tamaños:
- Dos tiras de 20,5 x 7,8 cm
- Dos tiras de 18 x 7,8 cm

De momento apartamos el cartón más grande, que será la base de nuestra *shadow box*. Ponemos cinta de doble cara en los dos lados de cada una de las cuatro tiras de cartón de encuadernar. Con la plegadora marcamos las piezas de papel decorado, trazando una línea horizontal a lo largo en el centro de cada una. Forramos cada pieza de cartón con el papel decorado, con cuidado y evitando las burbujas. Después, entintamos todos los bordes con tinta de envejecimiento.

Ahora cogemos cada una de las tiras de cartón y las ponemos en plano sobre la mesa de trabajo. Marcamos con lápiz una línea en los extremos a 5 cm de cada borde exterior. Vamos a hacer unos cortes. Esa línea a lápiz será el centro de nuestro corte pero tendremos que dejar 2 mm a cada lado de la línea (tomamos como referencia que nuestro cartón de encuadernar tiene un grueso de 4 milímetros; si tuviera menos, dejaríamos menos espacio). Cortamos con el cúter y la regla. Debe quedar como en la imagen.

En resumen, los cortes tendrán 4 mm de ancho y estarán situados a 5 cm de los bordes exteriores. En las tiras más cortas, la abertura del corte estará en el canto no cubierto por el papel (en el que se ve el cartón). En las tiras más largas, la abertura del corte debe estar en el papel decorado (zona forrada del cartón). Ahora montamos la estructura interior de la caja encajando unas tiras en otras.

Estructura exterior

Ya teníamos cortado y reservado el fondo (un cartón de 18 x 21,5 cm). Ahora tenemos que cortar:

Papel *kraft:*
- Dos tiras de 5 x 20,5 cm
- Dos tiras de 5 x 18 cm
- Cuatro tiras de 5 x 7,8 cm

Cartón de encuadernar o chipboard:
- Dos tiras de 20,5 x 4 cm
- Dos tiras de 18 x 4 cm

Papel decorado:
- Dos tiras de 20,5 x 7,8 cm
- Dos tiras de 18 x 7,8 cm
- Una pieza de 18,3 x 21,3 (habrá que ajustarla después)

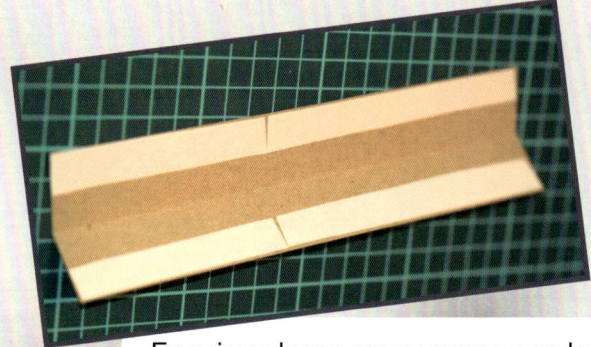

En primer lugar, marcaremos con la plegadora una línea central a lo largo de todos los recortes de papel *kraft*. Luego ponemos cinta de doble cara, dejando unos milímetros libres en el centro.

Para montar la base, cogemos las tiras largas de papel kraft. Comenzamos pegándolas sobre la base de 18 x 21,5 cm, por la parte inferior. No pegaremos el cartón hasta el doblez de papel *kraft*. Hay que dejar unos milímetros, tantos como el ancho del cartón (en el ejemplo son casi 4 mm).

Aquí podemos ver cómo quedan las cuatro tiras, una vez pegadas a la cara inferior del cartón.

Estas tiras servirán de refuerzo para la caja de nuestra *shadow box*. Ahora vamos a pegar las tiras de cartón o *chipboard*. Antes de pegarlas, debemos asegurarnos de que quedan bien colocadas. Una vez pegadas las tiras de cartón en el papel *kraft*, vamos a dejarlas fijas y a terminar de montar la caja. La mejor forma de pegarlo es con unas gotitas de pegamento caliente en el espacio que nos ha quedado libre, y en el que encaja el ancho del cartón.

CONSEJO

Situar en el centro el interior de la *shadow box* para tomar medidas y comprobar que todo queda bien encajado. En este paso no pegar el interior: solo colocarlo para tomar medidas y quitarlo de nuevo.

Para asegurar la caja, vamos a reforzar también las esquinas. Aún deben quedar cuatro tiras cortas de papel *kraft*. Ponemos en un lateral cinta de doble cara y pegamos cada una en una esquina como aquí indicamos (previamente hacemos un corte en el centro para poder doblar el papel).

Pegamos las tiras de papel decorado en todo el contorno de la caja. Después cogemos el papel decorado para el fondo de la *shadow box*. Hay que ajustar la medida, por lo que, si es necesario, cortaremos los milímetros que sobren. Cuando ajustemos al fondo, lo pegamos con cinta de doble cara.

Ahora solo queda pegar el interior de la *shadow box*. Aplicamos pegamento líquido (es mejor el de secado rápido, pero sirve cualquiera que quede transparente) en los laterales y la zona inferior de la estructura interior, metemos esta en la caja y dejamos secar.

Y así queda la *shadow box* acabada, antes de decorar.

Creación de la caja contenedora

Para evitar que el interior se llene de polvo y conseguir una presencia más bonita, vamos a crear una caja contenedora, en la que pegaremos la *shadow box*. Esta parte es muy rápida y sencilla de llevar a cabo.

Cortamos el cartón de encuadernación con estas medidas:
• Dos piezas de 22,5 x 20 cm
• Una tira de 4,5 x 20 cm

Necesitaremos también dos tiras de 6,5 x 20 cm de papel *kraft*, así como dos tiras de papel decorado de 4,5 x 20 cm y cuatro recortes de 22,5 x 20 cm (dos para el interior y dos para el exterior).

Para montar la base de la caja, situamos los tres cartones del siguiente modo: cartón portada + 1 cm de margen + cartón lomo + 1 cm de margen + cartón trasera. Sin que se muevan estas tres piezas y con mucho cuidado, ponemos pegamento líquido en la tira central y en los bordes de los otros dos cartones, y pegamos encima la tira de papel *kraft*.

Damos la vuelta al trabajo y repetimos este paso con la segunda tira de papel. Con la plegadora, marcamos el espacio de 1 cm que hemos dejado a cada lado de la tira. Dejamos secar. Deberíamos poder doblar la estructura sin problemas.

Recortamos los excesos de papel, si los hubiera; pegamos los papeles decorados y entintamos todos los bordes con tinta de envejecimiento.

Ponemos cinta de doble cara en la trasera de la *shadow box* y la pegamos a la estructura. Ahora solo queda decorar a nuestro gusto. Así ha quedado la nuestra:

Layout «La reina de mi casa»

DIFICULTAD: ★ ☆ ☆ FÁCIL

INSTRUCCIONES

MATERIALES
- Papeles de *scrap*
- Cinta adhesiva de doble cara
- Pegamento
- Tinta de envejecimiento
- *Stickers* o pegatinas de alfabeto
- Flores de papel

HERRAMIENTAS
· Cúter o cizalla
· Regla

Preparamos el material con el que vamos a trabajar y decidimos qué papel vamos a utilizar como base o fondo del *layout*.

Cortamos un trozo de papel de 20 x 25 cm aproximadamente que combine con el elegido de fondo y añadimos un par de capas más de papel en diferentes tamaños.

Envejecemos cada uno de estos trozos de papel (*ver* pág. 14) y terminamos entintando todos los bordes.

Preparamos la fotografía que vamos a utilizar, añadiéndole un marco de un papel o cartulina que combine.

En los papeles de *scrap* buscamos motivos recortables que puedan embellecer el trabajo final.

Añadimos algunas flores de papel para decorar y con unas pegatinas de alfabeto ponemos el texto «Guapa». Recortamos algunos elementos más de los papeles para terminar de decorar.

Lista de la compra

DIFICULTAD: ★☆☆ FÁCIL

MATERIALES

- Libreta para lista de la compra
- Papeles de *scrap*
- Pegamento en barra o tipo cola
- Tinta de envejecimiento
- Imanes
- Almohadillas adhesivas 3D

HERRAMIENTAS
- Tijeras
- Cúter

INSTRUCCIONES

En las tiendas de todo a 100 suele haber unas listas de la compra ideales para alterar.

Lo primero que vamos a hacer es despegar la libreta, con cuidado de no romper la pequeña cinta donde va insertado el lápiz. También deberemos despegar las dos bandas magnéticas de la parte posterior.

Forramos con papel de scrap toda la base de cartón, utilizando para ello pegamento tipo cola. Nos aseguramos de extender uniformemente el pegamento, poniendo especial atención en los cantos. Una vez pegado el papel, es conveniente ponerle encima algo de peso y esperar hasta que seque.
Una vez que haya secado la base, entintamos todos los bordes con tinta de envejecimiento. Las bandas magnéticas que anteriormente habíamos despegado no las vamos a utilizar, porque no tendrán agarre suficiente para el peso de nuestra lista. En su lugar vamos a pegar unos imanes circulares de buena calidad; así no se moverá ni cuando empecemos a escribir en ella.

Decoramos a nuestro gusto (en nuestro ejemplo, con estampación y almohadillas 3D) ¡y ya tenemos nuestra lista de la compra lista para usar!

Marco de fotos

DIFICULTAD: MEDIA

MATERIALES
- Cartón de encuadernar
- Papel de scrap
- Cinta adhesiva de doble cara
- Tinta de envejecimiento

HERRAMIENTAS
- Cúter
- Tijeras
- Cizalla
- Plegadora

INSTRUCCIONES

1. Partimos de dos cartones de encuadernar, uno más grande, de 19 x 15,5 cm (servirá para crear el marco exterior), y otro de 16 x 13 cm (será la trasera donde irá la fotografía).

2. Para crear el marco exterior, cogemos el cartón más grande y marcamos con lápiz un rectángulo en el interior, a 2 cm por lado desde el borde.

3. Cortamos este rectángulo y obtendremos un marco, que decoraremos con el papel de *scrap*.

4. Cortamos el papel en cuatro tiras: dos de 19,2 x 2 cm y dos de 15,7 x 2 cm.

5. Como nuestro marco tiene 2 cm por lado, con un lápiz marcaremos esos 2 cm en el papel decorado por la parte trasera. Esto nos va a permitir ahora doblar cada tira por los dos lados con la plegadora. Con esto crearemos después un falso marco con juntas en cada esquina. Con cinta de doble cara, pegamos cada doblez para que no se levante.

6. Ahora solo queda pegar con cinta de doble cara cada una de las tiras al marco y entintarlo por todos los bordes con tinta de envejecimiento.

Pegamos cinta de doble cara en tres de los cuatro bordes del cartón de encuadernar pequeño. Así dejaremos un lado hueco para introducir nuestra fotografía.
Ahora solo queda introducir una fotografía por la abertura y decorarlo a nuestro gusto.

Glosario de términos y expresiones en inglés

Acid free: Su traducción es «sin ácido». Los materiales que se usan en scrap no contienen ácido, para evitar daños en las fotos y colores con el paso del tiempo.

American Style: Estilo considerado como «el clásico» en el *scrapbooking*. Es el más extendido y el más sencillo para los que se inician. Incluye muchos elementos decorativos. A pesar de la variedad de elementos y que se puede usar cualquier tipo de papel, la fotografía debe ser el elemento dominante en la página.

ATC (Artist Trading Card): Pequeñas tarjetas de 6,5 x 9 cm aproximadamente que se suelen intercambiar entre *scrappers* o se pueden usar simplemente para decorar trabajos.

Border puch: Troqueladora o perforadora para decorar bordes de papel.

Brads: Remaches provistos de «patitas» para fijar o para utilizar como elemento decorativo. Existe gran variedad de tamaños y colores en el mercado.

Card: Tarjeta.

Cardmaking: Conjunto de técnicas para realizar tarjetería.

Cardstock: Cartulina.

Chalk-ink: Tinta con acabado de tiza, de secado rápido. Se puede utilizar para teñir elementos decorativos.

Charm: Joyas de metal, de pequeño tamaño. Se usan para decorar.

Chipboard: Cartón gris. El gramaje indica su grosor.

Clean and Simple Style: Estilo de *scrapbook* elegante y sencillo. Los elementos centrales de la página son una fotografía y algo de texto. El papel de fondo debe ser de un solo color, no llamativo, en su mayor parte de un tono claro y ocupa la mayor parte de la página. Se utilizan muy pocos elementos decorativos y las fotos normalmente están tomadas en planos muy cortos.

Corner punches: Troqueladora o perforadora para decorar esquinas de papel o cartulina.

Crop: Reunión de amigas *scrappers* para hacer *scrapbooking*, intercambiar material, ideas, etc.

Cutting mat: Base de trabajo para trabajar con cúter o elementos.

Die: Troquel de metal para usar con máquinas de corte como *Cuttlebug, Big Shot,* etc.

Die cuts: Figuras de cartulina impresas para decorar.

Distress ink: Tintas de envejecimiento. Se usan principalmente para envejecer papel, pero se pueden utilizar también en madera, cartón, etc.

Embellishment: Conjunto de elementos decorativos que se utilizan en un trabajo; pueden ser flores, *brads,* cintas, perlas, elementos de metal, madera…

Embossing: Grabar en relieve. Técnica usada para dar relieve a una superficie.

Embossing powder: Polvos para realizar la técnica de *embossing*.

Eyelets: Ojales u ojetes metálicos.

Freestyle: Estilo de *scrapbook* donde la creatividad y la flexibilidad son lo que prevalece. Las páginas decoradas en este estilo son brillantes, dinámicas, llenas de elementos hechos a mano, *journaling* poco corriente y muchísimas opciones sorprendentes. La creatividad se percibe en todos lados, desde la selección de las fotografías hasta una combinación poco usual de varios productos de *scrap,* colores y técnicas.

Glitter: Purpurina.

Glitter glue: Pegamento mezclado con purpurina.

Glossy accent: Pegamento tridimensional.

Glue dots: Pequeñas gotas de pegamento muy usadas para pegar pequeños elementos decorativos, como flores.

Heat gun tool: Secador de aire caliente. Se utiliza principalmente para fundir los polvos de *embossing* o para acelerar el proceso de secado de algunos productos. No confundir con un secador de pelo normal.

Heritage Style: Estilo de *scrapbook* donde los trabajos son dedicados a los antepasados y a la historia familiar. No se debe confundir el estilo *Heritage* con el estilo *Vintage;* son muy diferentes. En el estilo *Heritage* se utilizan fotos antiguas reales (no imitaciones), cartas escritas a mano, lazos antiguos y todos los detalles que se usan para decorar llevan este estilo. El color es sobrio, normalmente oscuro. Aunque muchos de nosotros no contamos con muchos elementos decorativos antiguos y originales, se pueden reemplazar por otros que tengamos a mano y podamos envejecer.

Ink: Literalmente, tinta. Existen diferentes marcas y colores. Las agruparemos en tintas de secado rápido (*dye-ink*) y tintas de secado lento (*pigment-ink*), estas últimas aptas para usar con polvos de *embossing.*

Journaling: Texto que suele acompañar a las fotografías usadas en trabajos de *scrapbook* y que suele recordar un momento, un sentimiento, etc.

Layout: Composición que se hace sobre un papel de *scrap,* normalmente de 30 x 30 cm, aunque las medidas pueden variar. El elemento principal, por lo general, es una fotografía y alrededor de ella se hace una composición armoniosa mezclando varios elementos decorativos, tintas, pinturas, etc.

Mask: Plantillas de material plástico para usar con tintas o pintura. Existen plantillas con motivos muy variados en el mercado.

Memorabilia: Pequeños recuerdos que atesoramos y pueden ser utilizados en cualquier trabajo de *scrapbook.* Un recorte de periódico, una entrada de cine, un trozo de tela...; todos guardan un valor sentimental.

Mixed media Style: Estilo de *scrapbooking, mixed media* significa «técnicas mezcladas». Las páginas decoradas con este estilo por lo general se parecen más a las obras de arte. Tienen un estilo completamente libre: no hay limitaciones ni en la técnica ni en los materiales a utilizar ni en los colores. Se puede usar papel, papel pintado, cartón, recortes de periódicos y revistas, etc. Además, también se pueden añadir botones, telas, elementos metálicos, hilos y cintas, elementos naturales… cualquier cosa que puedas imaginar. El papel de fondo normalmente es muy vivo y rico en imágenes. Todo vale, sin excepción: lápices, rotuladores, pinturas, tizas, tintas… En este estilo no vale copiar una idea, porque cada página contiene la visión personal de su autor.

Modern Vintage Style: Estilo de *scrapbook* donde los colores que predominan son brillantes, profundos. Aquí se pueden utilizar con seguridad naranjas, amarillos, azules, rosas, verdes, fotografías con colores muy vivos… y mezclarlos con antiguos botones, papel envejecido y lazos, que son habituales en el estilo *Vintage*.

Photo frames: Marcos para fotos.

Pocket: Pequeño bolsillo en el que se puede meter un *journaling*.

Ribbons: Cintas o lazos.

Rub-on: Calcomanías transferibles.

Rubber stamp: Sellos de caucho.

Sanding: Técnica en la que se lija el papel con el fin de darle un aspecto envejecido.

Shabby Chic Style: Estilo de *scrapbook* romántico, sentimental, dulce y un poco infantil. Es similar al *Vintage*, recuerda lo antiguo, pero las marcas y rasgados son ligeros, entintados en tonos crudos y reblandecidos. Los colores preferidos en este estilo son los pasteles, tenues y apagados. Normalmente se eligen papeles con motivos florales y decorativos. Entre los elementos para decorar se utilizan perlas, brillos, pequeña bisutería/joyería con una ligera pátina sobre ella y lazos amarilleados. A pesar de los colores suaves, puede contener algún elemento más llamativo (una flor, un botón o una cinta), siempre y cuando no sea el centro de atención de la página.

Sketch: Esquemas que ayudan a realizar una composición.

Stazon: Tinta permanente y de secado, ideal para estampar en acetato, plástico, cristal...

Stickers: Pegatinas.

Tags: Etiquetas.

Tools: Herramientas.

Trimmer (paper-trimmer): Cizalla o guillotina para cortar papel.

Vintage Style: Estilo usado en *scrapbook* que imita elementos antiguos y pasados de moda, decoración y elementos que muestran el paso del tiempo, lazos y pasamanería, papel de diseño musical envejecido y roto, viejas cartas y sobres, imágenes de camafeos, broches y cierres oxidados, *eyelets*, restos de periódico… Las fotos suelen rasgarse o entintarse para darles un efecto antiguo. El color utilizado suele ir a juego, normalmente colores suaves y en pastel mate, casi siempre en tonos café, chocolate, caqui, amarillento…

LA AUTORA

María Padilla

Nace en Madrid y, aunque pasa toda su infancia y juventud en La Línea de la Concepción (Cádiz), su interés por las nuevas tecnologías le hace regresar a su ciudad natal para recibir formación y posteriormente ejercer su profesión de informática.

Siempre había huido de todo lo que fueran manualidades, pero en 2009, con motivo de un regalo que le hacen a su hijo, descubre por casualidad el *scrapbooking*. Queda enamorada de este *hobby* y de forma autodidacta empieza a aprender técnicas y todos los secretos de esta manualidad.

Entra en contacto con otras personas que comparten su misma afición y dos años más tarde decide abrir Scrapbookpasion, una tienda on-line especializada en material de *scrapbook*, e inicia el *blog* www.scrapbookpasionblog.com, donde un equipo de diseño fabuloso muestra todos los secretos de esta maravillosa manualidad.

Autorías de proyectos, técnicas e imágenes de inspiración

Este libro ha sido realizado con ayuda del equipo de diseño y colaboradores de la tienda *on-line* de material de *scrapbook* www.scrapbookpasion.com: Darey, Ada, Teresa, Paula, Demae, Esme, Yolanda, Felicidad Pardo, Patricia, Olga, Judy Alonso, Mario...
¡gracias a todos!

María Padilla (www.scrapbookpasionblog.com)
- Miniálbum de una sola hoja
- Miniálbum anillado
- Miniálbum con espiral de anilla
- Tarjeta con *washi tape*
- Tarjeta con estampación
- Lista de la compra

Darey (www.cascaradepapel.com)
- Técnicas de *scrapbooking*: técnica falso negativo
- Ideas para *scrapbook*: Layout «Mr.Paquito»
- Ideas para *scrapbook*: Candil con flores y mariposa
- Ideas para *scrapbook*: Miniálbum «Key to my heart»
- Tarjeta 3D
- Marco de fotos
- *Shadow Box*
- Caja para fotografías

Teresa Diéguez (www.littlescrapworld.com)
- Técnicas de *scrapbooking*: técnica falso *chipboard*
- Ideas para *scrapbook*: Tarjeta «Life is full»
- Ideas para *scrapbook*: «Wedding Shoes»
- Ideas para *scrapbook*: *Layout* «Paris»
- Miniálbum con cuerda
- *Layout* «La reina de mi casa»

Esmeralda (www.pai-pai-espaciocreativo.blogspot.com.es)
- Ideas para *scrapbook*: Tarjeta «Felicidades»
- Ideas para *scrapbook*: Alterado casita de pájaros
- Ideas para *scrapbook*: Alterado caja corazón
- Ideas para *scrapbook*: Alterado caja «Beautiful»

Ada Wong (www.creativa4all.es)
- Ideas para *scrapbook*: Miniálbum «London»
- Miniálbum con bolsillos enlazados
- Miniálbum con costura desestructurada
- Contenedor de tarjetas
- Caja para guardar cintas

Paula (www.creacionesaluap.es)
- Técnicas de *scrapbooking*: Técnica falso cosido
- Ideas para *scrapbook*: Miniálbum «Best»
- Ideas para *scrapbook*: Libreta alterada «Colores»
- Ideas para *scrapbook*: Tarjeta «Inspiration»
- Tarjeta con banderín

Yolanda Calvo (www.unlugarparamirecreo.blogspot.com.es)
- Tarjeta acordeón

Felicidad Pardo
- Ideas para *scrapbook*: Álbum «Abuelo»
- Tarjeta *Trishutter*

Demae (www.scrapfeelings.blogspot.com.es)
- Ideas para *scrapbook*: *Layout* «Sweet»
- Caja cono doble

Patricia (www.feelfelt.blogspot.com.es)
- Técnicas de *scrapbooking*: técnica *paper piecing*

Olga Villar (www.margotyfiona.com)
- Ideas para *scrapbook*: Miniálbum con reja

Agradecimientos

A mi marido, por su apoyo incondicional y su inmensa paciencia.
A mi hijo, por ser mi fuente de inspiración en todo lo que emprendo.
A mis padres, mis hermanos y mi sobrina, mis tesoros más valiosos.
A mis tías, tíos y primos. Os quiero.
A mi familia política, especialmente a ti, abuelita.
A mi gran amiga Reyes Castro.
A todas mis compañeras y amigas *scrappers* de Facilísimo, por los momentos de inspiración compartidos.
A las fieles seguidoras de nuestro *blog* www.scrapbookpasionblog.com